NATIONAL GEOGRAPHIC

Peldaños

DAME UNA PATA

GÉNERO Artículo de Estudios Sociales

Lee para descubrir sobre las características y el instinto de los animales de trabajo.

¡Los animales sí pueden!

por Sara Hellwege

Es un día ajetreado en la ciudad. Un trabajador patrulla un parque para mantener la seguridad mientras que otro guía a una persona no vidente por una acera. Un tercer trabajador ayuda a un paciente en un hospital a recuperarse de una enfermedad. ¿Qué tienen en común los trabajadores? ¡Son animales!

Animales terapéuticos

Los animales amistosos hacen sonreír a muchas personas. Esa es la idea de la **terapia** animal. Terapia es algo que cura o ayuda a las personas a sentirse mejor, y los animales terapéuticos son animales que ayudan a las personas a sentirse mejor. Los perros terapéuticos y sus dueños visitan hospitales y asilos de ancianos. En muchos casos, el ánimo de los pacientes mejora en presencia de un perro contento, y las personas que están estresadas sienten calma cuando acarician el pelaje suave de un perro. Los gatos, los conejos, las aves y los caballos también se usan como animales terapéuticos.

Un animal necesita las **características** adecuadas para ser un animal terapéutico. Una característica es una cualidad que hace que una cosa sea diferente de otra. La amistad es una buena característica para un animal terapéutico. Muchos perros tienen esta característica, y por eso los perros son el animal terapéutico más común. A continuación se enumeran otras características de los animales terapéuticos.

Un caballo terapéutico visita a jubilados.

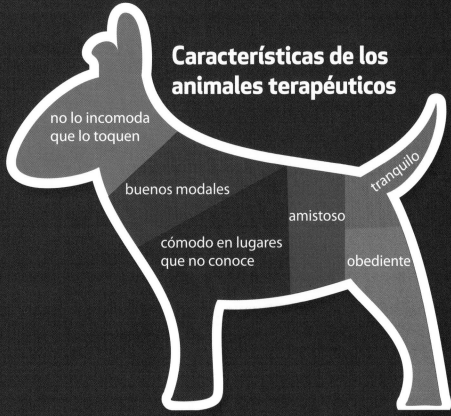

Características de los animales terapéuticos

no lo incomoda que lo toquen

buenos modales

tranquilo

amistoso

cómodo en lugares que no conoce

obediente

LABRADOR DORADO

Trabajo: perro de búsqueda y rescate

Características: agudo sentido del olfato

Perros de trabajo

Algunos animales trabajan para ganarse la vida. Al igual que las características, los **instintos** son importantes para los animales de trabajo. Un instinto es una capacidad natural, y los animales con ciertos instintos son aptos para determinados trabajos. Echemos un vistazo a los perros. Gracias a sus instintos, ciertos trabajos resultan naturales para determinadas razas de perros.

Los perros pastores tienen un instinto para reunir y mover al ganado. Para hacer bien su trabajo, se entrena a los perros pastores y se les enseñan **órdenes.**

Los perros de búsqueda y rescate dependen de su instinto de caza. Usan este instinto para encontrar personas que están perdidas o atrapadas. Un agudo sentido del olfato es una característica que los ayuda a hacer esto. Los perros aprenden órdenes y se los entrena para seguir un aroma humano. Luego, están preparados para trabajar en situaciones de emergencia.

Los perros guardianes dependen de su instinto de protección para mantener a las personas, los lugares y el ganado a salvo. La fortaleza y un ladrido estridente y rudo son características que ayudan a los perros guardianes a hacer su trabajo. Se los entrena para que usen estos instintos y características y alerten a sus dueños y asusten a los intrusos.

COLLIE DE LA FRONTERA
Trabajo: perro pastor
Características: ágil, ladrido estridente

PASTOR ALEMÁN
Trabajo: perro guardián
Características: fuerte, ladrido severo

Animales de servicio

Los animales de servicio ayudan a las personas. Un animal de servicio es un perro al que se entrena para que ayude a una persona que tiene una **discapacidad.**

- Los perros guía son animales de servicio que ayudan a personas no videntes a ir de un lugar a otro de manera segura.

- Los perros de señal son perros de servicio que ayudan a los sordos. Están entrenados para alertar a sus dueños sobre los sonidos y llevarlos al sonido.

- Los perros de asistencia son animales de servicio que ayudan a las personas con discapacidades físicas. Pueden arrastrar a alguien en silla de ruedas, recoger objetos que se caen o abrir puertas.

LABRADOR
Trabajo: perro de asistencia
Características: ágil, fuerte, instintivamente servicial, inteligente

TERRIER
Trabajo: perro de señal
Características: alerta, energético, inteligente

Según la ley estadounidense, se permiten animales de servicio en lugares públicos, como las tiendas. Esta ley es importante porque da derechos a los animales de servicio que otros animales no tienen. Los animales de servicio son animales de trabajo que usan arnés y chaleco en el trabajo. Si ves un animal de servicio, debes seguir unas cuantas reglas simples:

- Háblale a la persona, no al perro.

- No acaricies al perro a menos que te lo permitan. El perro está trabajando. Acariciarlo o hablarle puede distraerlo de su trabajo.

LABRADOR
Trabajo: perro guía
Características: tranquilo, no se distrae fácilmente, inteligente

Bestias de carga

Una bestia de carga tiene un trabajo pesado. Un animal de carga lleva cargas, un animal de tiro hala cargas y algunos animales hacen las dos cosas.

En el pasado, se usaba a los animales para trabajar. En la actualidad, los animales se usan si no pueden usarse vehículos. En el mundo, hay diferentes bestias de carga, como los burros, los bueyes, los búfalos de agua, los venados, las llamas, los caballos, los elefantes, los yaks y los camellos. Echemos un vistazo a unos cuantos de ellos.

Los elefantes asiáticos se usan para limpiar la tierra y llevar troncos en el Sudeste Asiático. Hoy en día, talar árboles es ilegal en muchos países. Algunos elefantes y sus adiestradores patrullan y protegen los bosques en la actualidad.

En la Cordillera de los Andes, las llamas han transportado productos durante siglos. Todavía trabajan como animales de carga en lugares donde los carros y otros vehículos no pueden acceder.

Los camellos llevan cargas pesadas a través del desierto y caminan hasta 25 millas (40 kilómetros) por día con poco o nada de alimento y agua.

La próxima vez que veas un trabajador peludo y cuadrúpedo, detente. Recuerda que nosotros y los vehículos que creamos no podemos hacerlo todo. Entonces, ¡da las *gracias!*

Un elefante mueve un árbol caído en Tailandia después del tsunami de 2004.

LLAMA

Trabajo: animal de carga
Características: patas firmes en terreno rocoso y montañoso
Ubicación: Cordillera de los Andes, Sudamérica

llama

ELEFANTE ASIÁTICO

Trabajo: animal de carga y animal de tiro
Características: fuerte, inteligente, torso flexible
Ubicación: India y el Sudeste Asiático

BESTIAS DE CARGA

DROMEDARIO

Trabajo: animal de carga y animal de tiro
Características: adaptado a los viajes de larga distancia en el desierto
Ubicación: norte de África y Medio Oriente

camello

Compruébalo ¿Cuáles son algunas categorías de animales de trabajo y cuáles son las características y los instintos de los animales?

9

GÉNERO Artículo de opinión

Lee para descubrir por qué se usan delfines y leones marinos en lugar de personas en este programa.

Programa Naval de Mamíferos Marinos

por Shannae Wilson

En el "Programa Naval de **Mamíferos Marinos**", delfines nariz de botella y leones marinos de California participan en operaciones del ejército de los EE. UU. Estos mamíferos marinos tienen **características** particulares. Estas características les permiten realizar ciertas tareas bajo el agua mejor de lo que las personas o el equipamiento pueden hacerlo.

Los leones marinos tienen un oído y una visión excepcional bajo el agua.

Los leones marinos y los delfines son excelentes buzos. Pueden sumergirse a más profundidad que las personas. También pueden sumergirse con más frecuencia y permanecer bajo el agua más tiempo.

Los animales siguen **órdenes** para realizar diversas tareas. Protegen puertos, barcos y submarinos contra nadadores enemigos. También localizan equipo de entrenamiento y minas marinas. Una mina marina es un arma, como una bomba subacuática. Después de que los animales localizan los objetos, la Marina puede retirarlos o evitarlos.

Los animales pueden transportarse a lugares de todo el mundo en barco, avión o vehículo terrestre. Se han usado en guerras y conflictos en el pasado.

La gente tiene distintas opiniones sobre el Programa Naval de Mamíferos Marinos. Algunos están a favor del programa (ventajas) y otros en contra (desventajas).

Los leones marinos y los delfines tienen un **instinto** de caza bajo el agua.

Los delfines tienen un sentido llamado **ecolocalización.** La ecolocación les permite localizar objetos. El equipo fabricado por el hombre no es tan efectivo en cuanto a la ecolocalización como los delfines.

Ventajas

El Programa Naval de Mamíferos Marinos debe continuar porque protege a nuestras tropas. Además, no lastima a los mamíferos marinos. Estas son tres razones de por qué debemos apoyarlo.

1 Primero, se daña o se destruyen más barcos con minas marinas que con cualquier otra cosa. Los delfines y los leones marinos ayudan a evitar esos desastres localizando las minas marinas.

2 Segundo, es poco probable que los animales salgan lastimados. Las minas marinas no están diseñadas para ser detonadas por mamíferos marinos.

3 Por último, los mamíferos marinos están bien cuidados. Los animales viven en recintos bien mantenidos, tienen una dieta balanceada y un veterinario les hace exámenes físicos con regularidad.

Para proteger a nuestras tropas, debemos continuar con el Programa Naval de Mamíferos Marinos.

Desventajas «

El Programa Naval de Mamíferos Marinos pone en riesgo a los mamíferos marinos. Estas son tres razones por las que debemos oponernos.

① Primero, no es posible brindarles el hábitat adecuado a los delfines en cautiverio. En la naturaleza, los delfines recorren hasta 50 millas por día en aguas abiertas. La Marina no puede brindar este hábitat todo el tiempo.

② Segundo, la captura de delfines en la naturaleza es dañino. Los delfines viven en grupos sociales. Cuando los capturan, los separan de su grupo. Además, algunos informes dicen que la captura de delfines es agotadora y violenta.

Para proteger a los mamíferos marinos, debemos terminar con el Programa Naval de Mamíferos Marinos.

③ Por último, la guerra es un problema del ser humano. Los animales son inocentes y no debe obligárselos a participar. En los Estados Unidos se tiene la opción de unirse al ejército o no. Estos animales no tienen opción.

Compruébalo ¿Con qué opinión estás de acuerdo? Piensa en ella y expresa tus razones.

Un perro astuto

por Beth Finke

Beth

Beth escribe en su oficina en casa. ¡Harper la ayuda!

Harper

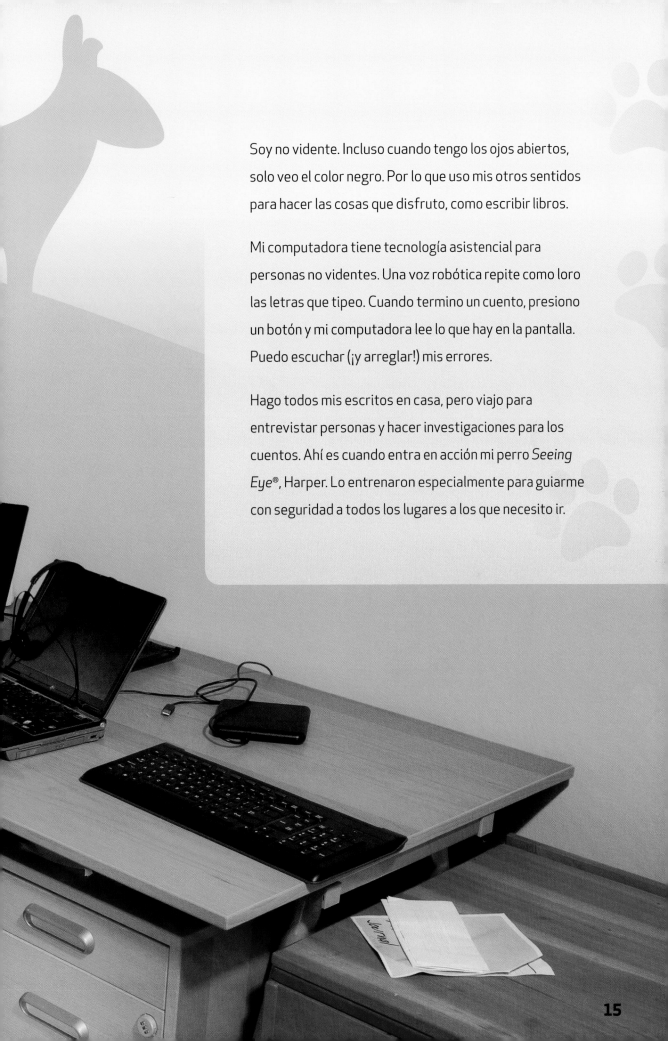

Soy no vidente. Incluso cuando tengo los ojos abiertos, solo veo el color negro. Por lo que uso mis otros sentidos para hacer las cosas que disfruto, como escribir libros.

Mi computadora tiene tecnología asistencial para personas no videntes. Una voz robótica repite como loro las letras que tipeo. Cuando termino un cuento, presiono un botón y mi computadora lee lo que hay en la pantalla. Puedo escuchar (¡y arreglar!) mis errores.

Hago todos mis escritos en casa, pero viajo para entrevistar personas y hacer investigaciones para los cuentos. Ahí es cuando entra en acción mi perro *Seeing Eye*®, Harper. Lo entrenaron especialmente para guiarme con seguridad a todos los lugares a los que necesito ir.

Escuela *Seeing Eye* en Morristown, Nueva Jersey

A Harper lo entrenaron en la escuela *Seeing Eye*. Docenas de escuelas enseñan a los perros guía a ayudar a personas no videntes, pero solo los perros guía entrenados en la escuela *Seeing Eye* se ganan el título oficial de "perro *Seeing Eye*". En la escuela *Seeing Eye* se crían pastores alemanes, labradores dorados, labradores y cruzas de estas razas. Estas razas tienen **características** que hacen que sean buenos perros guía.

Madre labradora dorada y cachorros

Cuando Harper cumplió siete semanas de vida, fue a vivir con un voluntario, llamado criador de cachorros. El criador de cachorros de Harper le enseñó los conceptos básicos: "siéntate" y "échate", cosas normales para un perro. El criador de cachorros de Harper lo llevó a todos lados, lo expuso a todo tipo de personas en toda clase de lugares.

Los criadores de cachorros deben llevar a los perros a lugares con muchas personas, como los juegos de béisbol.

Después de su primer cumpleaños, Harper regresó a la escuela. Durante cuatro meses, los entrenadores pasaron todos los días enseñándole a Harper a detenerse en las escaleras y en las calles. Harper aprendió a juzgar el tráfico y le enseñaron qué significa "izquierda", "derecha" y "adelante".

Una vez que Harper estuvo preparado, volé a la escuela *Seeing Eye* para conocerlo. Me enamoré de él en el momento en que lo vi (¡bueno, toqué!), y después de practicar juntos tres semanas, confié en Harper para que me mantuviera a salvo en el tránsito, así que era momento de volar a casa.

Tarjeta de identificación de Harper

OFFICIAL IDENTIFICATION

Ms. Beth Finke

and Seeing Eye* dog **HARPER**

are graduates of The Seeing Eye
This card is not transferable.
Expires **12/31/2013**

James G. Kutsch Jr.

James A. Kutsch, Jr.
President

17

Harper siempre está deseoso por comer.

Harper espera hasta que recibe una orden.

Luego come. ¡Mmm!

Alimento y cuido a Harper, y eso es importante porque ayuda a desarrollar un vínculo entre nosotros. Todas las mañanas saco una taza de alimento para perros, la aplano y la vierto en el tazón de Harper. Luego nos preparamos para salir. Harper y yo usamos dos equipos: un arnés que se abrocha alrededor de su torso con un asa sólida para que yo agarre y una correa. Sujeto la correa de Harper, abrocho su arnés y le ordeno: "Harper, ¡adelante!". Cuando llegamos al árbol preferido de Harper, desabrocho su arnés para que sepa que puede evacuar. (Esa es una palabra educada para decir hacer pipí y popó).

De vuelta en casa, desabrocho el arnés de Harper y voy al fregadero. Levanto su tazón de agua y si se siente liviano, sé que está vacío. Abro el agua y lleno el tazón hasta que está pesado. Aseo a Harper todos los días y cuando nuestro día de trabajo termina, jugamos tira y afloja y atrapa con sus juguetes favoritos.

Beth asea a Harper con un cepillo.

A Harper le encanta jugar.

19

Harper guía a Beth al cruzar una calle.

¡Buen perro!

Cierra los ojos. Imagina que no puedes ver. Esto es lo que harás para recorrer una calle con un perro *Seeing Eye*.

- Levanta el asa del arnés con la mano izquierda.
- Encara la dirección en la que quieres ir.
- Di el nombre de tu perro y ordénale: "¡Adelante!".
- Tu perro te halará hacia adelante.
- Cuando tu perro se detenga, detente tú también.
- Desliza tu pie hacia adelante para investigar por qué se detuvo el perro. ¿Sientes el borde de la acera, la parte superior de las escaleras? Felicita a tu perro. Te acaba de salvar de caer.

Los perros *Seeing Eye* combaten sus **instintos** naturales de olfatear, proteger y socializar mientras trabajan. Si Harper se distrae con una ardilla que pasa velozmente, puede olvidarse de detenerse en el borde de la acera.

Y eso es solo el comienzo. ¡Todavía tenemos que cruzar la calle!

Los perros no ven los colores, por lo tanto, Harper no puede saber si el semáforo está en rojo o verde. Es mi trabajo juzgar cuándo es seguro cruzar. Cuando suena como que el tránsito va hacia donde me dirijo, supongo que el semáforo está en verde. "Harper, ¡adelante!". Las orejas de Harper se animan y escucha el tránsito. Luego observa a la izquierda y la derecha para determinar si es seguro halarme al otro lado.

Si cree que no juzgué bien el tránsito, o si siente peligro, Harper se queda en su lugar. Puedo repetir la orden e instarlo a que avance. Pero Harper no se mueve. No hasta que tenga la confianza de que es seguro.

Permítanme contarles sobre la **desobediencia inteligente**, o rechazar una orden que es peligrosa. La desobediencia inteligente es la destreza más difícil que debe aprender un perro *Seeing Eye*. Harper usa la desobediencia inteligente en muchas situaciones. Los dejo con un ejemplo maravilloso.

Una vez, Harper y yo íbamos por una acera de la ciudad cuando se detuvo sin razón alguna.

Sentí con mi pie hacia adelante. No había nada. Sacudí mi brazo delante de mí. No había nada tampoco allí.

—Harper, ¡adelante!— lo insté. Estaba apurada. Harper se quedó inmóvil.

—¡Derecha, derecha!— intenté. Esperaba que Harper me guiara alrededor de lo que sea que vio en el camino. No tuve suerte.

Justo entonces escuché que se cerraba de golpe la puerta de un camión. Fuertes pisadas venían rápido hacia nosotros.

—¡Cuidado, señora! ¡Quédese donde está! —el conductor del camión ofrecía su brazo—. ¡Acaban de llamarme para que arregle esta puerta! —Nos guió a la calle por un momento, luego nos condujo de nuevo a la acera. —¡Hay vidrios por todos lados!

La puerta de vidrio se había hecho trizas. Yo no podía haberlo sabido, pero Harper sí.

—Este es un perro astuto— dijo nuestro nuevo amigo.

—Gracias —asentí—. ¡Estoy de acuerdo!

Harper observa si hay obstáculos adelante.

¡Este es un perro astuto!

Compruébalo ¿Cómo trabajan juntos Harper y Beth?

Comenta Estructura del texto, detalles y ejemplos

1. Describe cómo se organiza "¡Los animales sí pueden!". ¿Cómo te ayuda la organización a comparar la información sobre los animales?

2. ¿Cómo se organizan las opiniones en "Programa Naval de Mamíferos Marinos"?

3. ¿Qué razones y evidencia se presentan para apoyar las dos opiniones diferentes de "Programa Naval de Mamíferos Marinos"?

4. Piensa en un animal que conozcas, como una mascota. ¿Qué tipo de trabajo sería perfecto para él? Explica por qué. Consulta los detalles y los ejemplos de "¡Los animales sí pueden!".

5. ¿Qué es lo que te sigues preguntando sobre los animales de trabajo? ¿Qué más te gustaría saber?